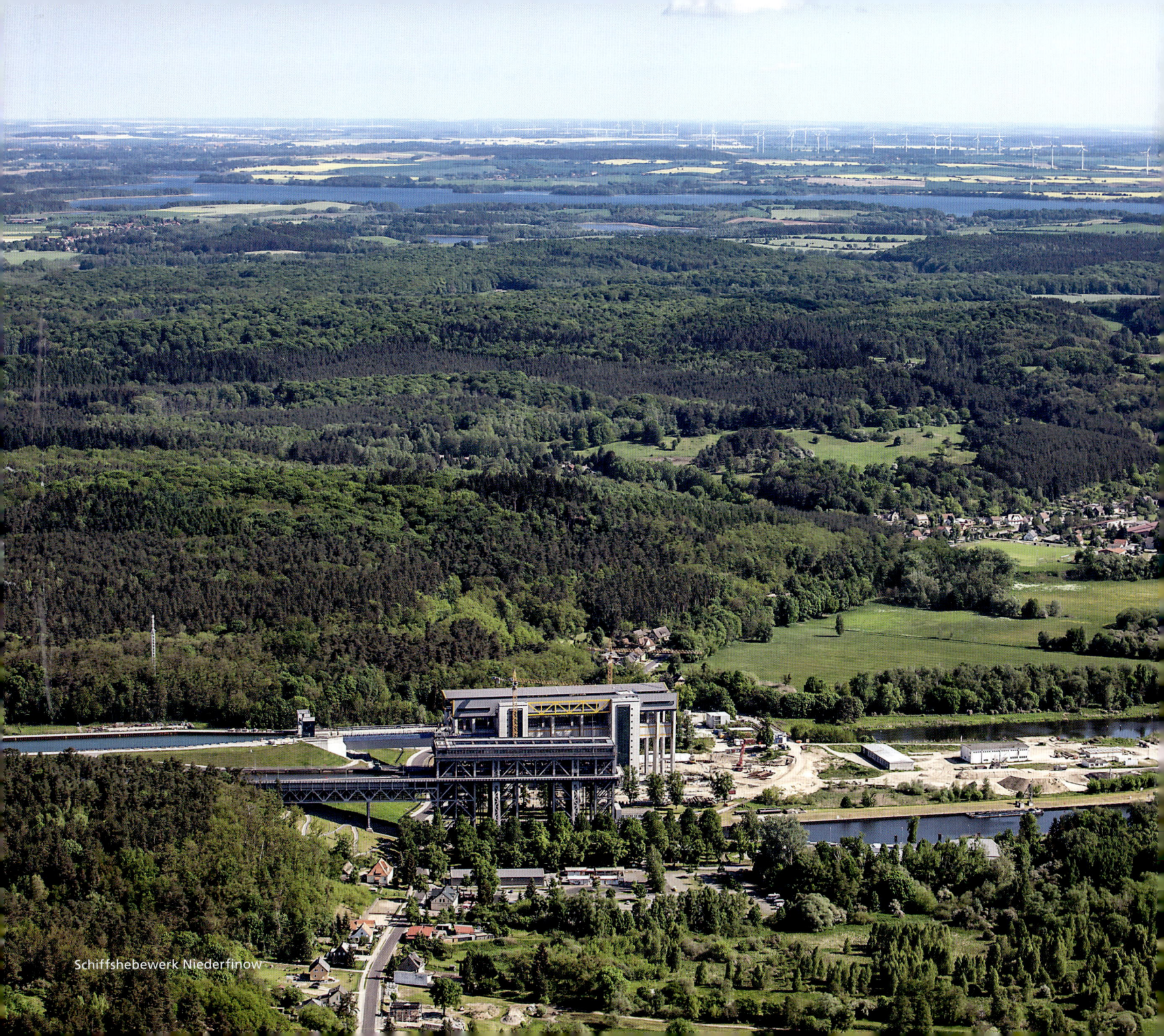

Schiffshebewerk Niederfinow

Brandenburg von oben

Brandenburg
LUFTAUFNAHMEN VON   DIRK LAUBNER
von oben

mit Texten von Diethelm Kaiser

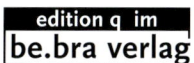
edition q im
be.bra verlag

Das Bild auf der vorderen Umschlagseite zeigt die Stadt Werder.

Bibliografische Information der Deutschen Nationalbibliothek
Die Deutsche Nationalbibliothek verzeichnet diese Publikation
in der Deutschen Nationalbibliografie; detaillierte bibliografische
Daten sind im Internet über http://dnb.d-nb.de abrufbar.

© edition q im be.bra verlag GmbH
Berlin-Brandenburg, 2019
KulturBrauerei Haus 2
Schönhauser Allee 37, 10435 Berlin
post@bebraverlag.de
Lektorat: Katrin Endres, Berlin
Umschlag und Satz: typegerecht, Berlin
Schrift: Milo Serif, Frutiger
Druck und Bindung: Finidr, Český Těšín
ISBN 978-3-86124-726-5

www.bebraverlag.de

Inhalt

Von Helden, Träumern und Genießern
Ein Streifzug durch die märkische Geschichte

»In Staub mit allen Feinden Brandenburgs!« Mit diesem grimmigen Schlachtruf – dem ein selbstgewisses »Zum Sieg! Zum Sieg!« vorausgeht – schließt Heinrich von Kleists letztes Drama, das 1811 vollendete Schauspiel *Prinz Friedrich von Homburg*. Ein Stück um »Heldenhäupter« und das »heilige Gesetz des Krieges«, das so ganz dem martialischen Bild zu entsprechen scheint, das man vom brandenburgisch-preußischen Staat immer wieder gezeichnet hat. Geschrieben hat Kleist das Drama übrigens zu einer Zeit, als Preußen schwach war: militärisch gedemütigt von der napoleonischen Armee und abhängig vom französischen Besatzungsdiktat. Da war es auch ein klares politisches Bekenntnis, ein Schauspiel über den bedeutenden Sieg zu verfassen, den der Große Kurfürst und sein General Friedrich von Hessen-Homburg bei Fehrbellin im Jahr 1675 über einen anderen ausländischen Usurpator, die Truppen des schwedischen Königs Karl XI., errungen hatten. Mit diesem militärischen Erfolg gegen einen übermächtig scheinenden Gegner hatte Brandenburg damals seine Eigenständigkeit bewahrt. Und eine vergleichbare Aufgabe stellte sich nun erneut im Jahr 1811.

Das Land zwischen Elbe und Oder war schon immer hart umkämpft gewesen. Bei seinen Eroberungszügen traf Albrecht der Bär, der 1157 erster Markgraf von Brandenburg werden sollte, auf den erbitterten Widerstand der dort lebenden slawischen Stämme. Rund 150 Jahre dauerte es, bis seine Nachfahren aus dem Adelsgeschlecht der Askanier ihren Herrschaftsbereich bis an die Oder ausdehnen konnten. Als 1319 die Linie der Askanier erlosch und die Mark für nahezu 100 Jahre ohne starke Regentschaft blieb, herrschten Unsicherheit und Not; Raubritter und regionale Warlords terrorisierten das Land. Erst den Hohenzollern, die 1415 mit der Mark Brandenburg belehnt wurden, gelang es, wieder geordnete Verhältnisse zu schaffen. Im Dreißigjährigen Krieg – das im Baltikum gelegene Herzogtum Preußen war gerade, 1618, durch Erbschaft an Brandenburg gefallen – zogen sowohl schwedische als auch kaiserliche Truppen wiederholt durch die Mark; die einen wie die anderen mordeten, plünderten, brannten ganze Dörfer nieder. Kaum eine Ortschaft blieb von Zerstörungen verschont, jeder zweite Einwohner Brandenburgs verlor sein Leben. Bei Wittstock an der Dosse fand 1636 eine der großen, überaus verlustreichen Schlachten dieses Krieges statt: Die kaiserlich-sächsische Armee unterlag den zahlenmäßig weit schwächeren Schweden.

Einen verlässlichen Schutz des brandenburgisch-preußischen Territoriums und seiner Einwohner konnte erst Friedrich Wilhelm, der Große Kurfürst, gewährleisten. Er verlieh dem verwüsteten und verarmten Land nach dem großen Krieg wieder Stabilität, verbesserte die Infrastruktur und schuf eine funktionierende Verwaltung mit einem effektiven Steuersystem. Außerdem stellte er ein ständiges Heer auf, das sich in der Schlacht bei Fehrbellin grandios bewähren sollte.

Einen harten Kampf hatten die Brandenburger allerdings nicht nur um ihr Land, sondern stets auch mit dem Land zu führen. In den Urstromtälern, Relikten der Eiszeit, gab es viele Sumpfgebiete, von denen einige schon im 18. Jahrhundert unter großen Anstrengungen trockengelegt wurden. Die weitgehend flachen Gebiete im mittleren und südlichen Brandenburg weisen überwiegend nährstoffarme Sandböden auf, die selbst bei mühevoller Arbeit nur magere Erträge bringen. So hat sich ein Bild von kargen und wilden märkischen Landschaften geformt, das für manche freilich nicht ohne Reiz ist. In Theodor Fontanes großem Alterswerk *Der Stechlin* gibt die junge Komtesse Armgard in einer Plauderei mit Woldemar von Stechlin, ihrem künftigen Gatten, ihre Vorstellungen über »das eigentliche brandenburgische Land« preis: »Es soll alles so romantisch sein und so melancholisch, Sand und Sumpf und im Wasser ein paar Binsen oder eine Birke, daran das Laub zittert.« Und am Schluss des Romans wundert sich der Baron Berchtesgaden bei einem Aufenthalt im Ruppiner Land sogar über die Schönheit der märkischen Frühlingslandschaft – eine Überraschung für ihn schon deshalb, weil man, wie er hinzufügt, doch »immer von der Dürftigkeit und Prosa dieser Gegenden« spreche.

Ganz so »prosaisch« ist dieses Brandenburg aber offenbar nicht, es gibt wohl auch eine andere Seite. Vielleicht zeichnet ja gerade dies das brandenburgisch-preußische Staatsgebilde und seine Menschen aus: das Bestreben, der »Dürftigkeit«, die man freilich als Grundlage der eigenen Existenz zu akzeptieren hat, etwas entgegenzusetzen; der Anspruch, aus dem Nüchternen und Akkuraten auch das Anmutige und Verspielte zu entwickeln; am Ende gar die Sehnsucht nach einer »Poesie der Verhältnisse«?

Kleists Drama über Brandenburgs Sieg bei Fehrbellin schließt, wie es sich gehört, mit Kanonendonner und der Beschwörung weiterer Triumphe. Wer sich nicht so recht in dieses finale Tableau fügen will, ist ausgerechnet der Prinz von Homburg, die Hauptfigur des Stückes. Der General der »Reuterei« ist zwar ein tapferer, ja tollkühner Soldat, aber auch ungeduldig und leidenschaftlich, durchaus nicht preußisch diszipliniert. Und vor allem: Er ist ein Idealist, ein Träumer, der sich, während der Kurfürst vor seinen Offizieren den Schlachtplan entwickelt, in Gedanken über die »Traumgestalt« einer »lieblichen Prinzessin« verliert. Und in der Schlacht selbst dann gegen die ausdrückliche Ordre des Kurfürsten handelt und ihm damit die Freude am glorreichen Sieg verdirbt.

Das »andere« Preußen, das Preußen jenseits von soldatischem Gehorsam und fantasieloser Beamtentreue, begegnet uns in vielerlei Gestalt: in religiöser Toleranz und aufklärerischer Selbstverantwortung, in kunstsinnigen Herrschern wie Friedrich II. und Friedrich Wilhelm IV., in der Generation der Reformer um Stein, Hardenberg, Scharnhorst und Gneisenau, in den Vertretern einer modernen Philosophie und Wissenschaft wie Kant, Fichte, Hegel, Savigny, Alexander und Wilhelm von Humboldt. Sogar der Traum eines preußischen Arkadiens wurde verwirklicht, mit der Hilfe vieler Künstler und Baumeister: Zu nennen sind, an allererster Stelle, Karl Friedrich Schinkel, der den preußischen Klassizismus zur Vollendung führte, aber auch Knobelsdorff, David und Friedrich Gilly, Persius, Gontard, Stüler, nicht zu vergessen die Gartenarchitekten Peter Joseph Lenné und Hermann von Pückler-Muskau. Ihre Kirchen, Museumsbauten, Gutshäuser, Villen, Schlösser, Gartenanlagen und Landschaftsparks prägen bis heute das Gesicht vieler Orte Brandenburgs.

Den Gegensatz von Militärischem und Künstlerischem hat wohl keine Person so sehr verkörpert wie Friedrich II., die mit Recht berühmteste Herrscherfigur Preußens: brutale Großmachtpolitik, der kaltblütig Hunderttausende von Menschen geopfert wurden, auf der einen, Baukunst, Flötenspiel und philosophische Plaudereien mit dem Aufklärer Voltaire auf der anderen Seite. Diesen Widerspruch hat er nie auszugleichen vermocht, allmählich versteinerte der einsame König in seinem Sommerschloss bei Potsdam, das ihm eigentlich einen heiteren Lebensabend gewähren sollte, einen Ausklang ohne Sorge, sans souci.

Das Schloss und der dazugehörige Park sind mittlerweile zum UNESCO-Welterbe erklärt worden und zählen heute zu den meistbesuchten touristischen Stätten in Deutschland. Auch viele andere von den großen preußischen Architekten erbauten Königs- und Adelsresidenzen in Brandenburg wie Oranienburg, Rheinsberg, Boitzenburg, Neuhardenberg und Branitz sind wieder touristische Anziehungspunkte. In ihnen haben sich der Glanz, die Pracht und Anmut Preußens, das als Staat längst untergegangen ist, erhalten.

Aber nicht nur Schlösser, Parks und Herrenhäuser machen den Reiz Brandenburgs aus. Nach langen Jahrzehnten der provinziellen Tristesse haben viele der traditionsreichen märkischen Kleinstädte – etwa Perleberg, Templin, Angermünde oder Luckau – einen Aufschwung erlebt. Historische Ortskerne, Rathäuser, Kirchen und Klöster sind seit der Wende mit erheblichem Aufwand restauriert worden, in alten Bürgerhäusern, Türmen und Stadttoren untergebrachte Kultureinrichtungen und Museen informieren über die wechselvolle Geschichte der Ortschaften und Regionen.

Ein besonderer Reichtum Brandenburgs ist seine Natur – auch wenn die zumeist ebene Landschaft keine spektakulären Anblicke bietet. Der Berliner Aufklärer und Verleger Friedrich Nicolai schrieb 1786: »Die Gegend um Potsdam ist so schön, als sie in einem flachen und sandigen Land nur seyn kann.« Bei allem Lob also auch hier schon der Hinweis auf das Flache und Sandige, mithin eher »Prosaische« – wie es dann im bereits erwähnten Fontane-Roman ein Jahrhundert später heißen sollte. Dabei wartet Brandenburg mit zahlreichen wald- und seenreichen Regionen auf, die beliebte Ausflugsziele darstellen. Viele davon sind als Naturparks deklariert, insgesamt ist rund ein Drittel der Landesfläche als Naturschutzgebiet ausgewiesen.

Der leichte sandige Boden, der für einige Teile Brandenburgs typisch ist, bietet allerdings einen nicht zu unterschätzenden Vorteil: Auf ihm gedeiht Spargel besonders gut. In der traditionellen »Spargelstadt« Beelitz zum Beispiel ist die Produktion nach der Wende wieder erheblich gesteigert worden, seither trägt das noble Gemüse zur Verfeinerung der eher als bodenständig zu bezeichnenden Küche Brandenburgs bei. Aus den Flüssen und Seen der Region kommen weitere Köstlichkeiten: Havelzander etwa, Hechte aus dem Spreewald oder die Zuchtkarpfen aus den Peitzer Teichen. Sie sorgen mit dafür, dass das »Dürftige« veredelt wird, diesmal hin zum Kulinarischen.

Ganz neu ist auch das freilich nicht. Die Peitzer Fischer durften sich schon 1867 mit dem stolzen Titel eines preußischen Hoflieferanten schmücken. Und Theodor Fontane hat bei seinen Wanderungen durch die Mark Brandenburg von Tafelfreuden in Schlössern und zünftigen Gasthäusern zu berichten gewusst – manche dabei gekostete Spezialität fand danach den Weg in seine Romane, im *Stechlin* etwa werden an einem Abend Krammetsvögelbrüste, am folgenden Tag Rebhuhnflügel serviert. Und im sanften Licht dieses reifen Alterswerkes wird schließlich auch das historisch so bedeutsame preußisch-brandenburgische Heldenpathos ironisch entschärft. Nachdem der alte Dubslav von Stechlin als Kandidat der Konservativen bei Wahlen zum Reichstag gescheitert ist, will sich keiner so recht über die Niederlage ärgern. Vielmehr sind der Kandidat und seine Parteigänger froh, die »langweilige Prozedur« hinter sich zu haben und sich nun anderem zuwenden zu können, nach der komfortablen Devise: »Siegen ist gut, aber Zu-Tische-Gehen ist noch besser.«

HAVELLAND

Das ausgedehnte Stadtgebiet Brandenburgs ist durchschnitten von der Havel und ihren Seitenarmen sowie von einigen Kanälen, die im Laufe der letzten Jahrhunderte angelegt wurden. Im Zentrum des Bildes ist die Neustadt von Brandenburg an der Havel zu sehen, die, wie die Altstadt (am linken Bildrand), bereits im hohen Mittelalter gegründet wurde. In der Bildmitte erhebt sich der mächtige Bau der 1401 bis 1434 errichteten Katharinenkirche, die als Hauptwerk des Stettiner Baumeisters Hinrich Brunsberg gilt. In der oberen Bildmitte ist die Dominsel zu erkennen.

Brandenburg an der Havel war ursprünglich nicht nur durch einen Wassergraben, sondern auch durch Wallanlagen und eine durchgehende Stadtmauer vor Angriffen geschützt. Vier ihrer alten Türme sind erhalten, der auf diesem Bild zu sehende Steintorturm steht am südwestlichen Rand der Neustadt. Das Stadtmuseum zeigt hier eine Dauerausstellung zur Brandenburger Havelschifffahrt.

Die Dominsel ist vermutlich die älteste Siedlungsstätte in der Mark Brandenburg. Bereits die slawischen Heveller hatten hier eine Burg errichtet, die der ostfränkische König Heinrich I. auf seinem Winterfeldzug 928/929 eroberte. Laut Gründungsurkunde wurde im Jahr 948 die Dominsel Sitz des Bistums Brandenburg. Den ursprünglichen romanischen Dom zerstörten die Slawen während eines Aufstands im Jahr 983. Die heutige kreuzförmige Basilika stammt vom Ende des 12. Jahrhunderts. Von den geplanten zwei Westtürmen wurde lediglich einer vollendet.

Eine der kulturgeschichtlich bedeutendsten Stätten Brandenburgs ist das 1180 von Markgraf Otto I. gegründete Zisterzienserkloster Lehnin. Es war lange Zeit das Hauskloster und die Grablege der brandenburgischen Askanier, später auch der Hohenzollern. Kurfürst Joachim II. säkularisierte es 1542 und wandelte es in ein Domänengut um. Heute ist der aus-gedehnte Gebäudekomplex Sitz des Luise-Henrietten-Stifts, einer evan-gelischen diakonischen Einrichtung, die hier unter anderem Kliniken, Alten- und Pflegeheime unterhält. In der Bildmitte oben erstreckt sich der zur Gemeinde Kloster Lehnin gehörende Mühlensee.

Das Bild zeigt die zentrale Klosteranlage, die sich um einen Innenhof gruppiert. Dominiert wird das Ensemble von der St.-Marien-Kirche, einer kreuzförmigen, dreischiffigen Basilika mit Apsis und zwei Nebenkapellen beiderseits des Chores. Rechts oben ist das Luise-Henrietten-Haus zu sehen, Wohnhaus der Diakoniemitarbeiter, gegenüber liegt das Cecilienhaus, in dem die Stiftsverwaltung untergebracht ist. Der sich anschließende Südflügel (oben links) beherbergt eine Rehabilitationsklinik.

Westlich von Potsdam liegt das kleine Städtchen Werder, malerisch eingebettet in die Seenlandschaft der Havel. Die Ortschaft existiert mindestens seit dem Beginn des 14. Jahrhunderts, auch die Brücke zur Havelinsel wurde zu jener Zeit schon urkundlich erwähnt. Weithin bekannt ist Werder nicht nur als Erholungsort, sondern auch wegen seines Obst- und Weinanbaus. Vor allem mit Äpfeln, Kirschen und Erdbeeren wird die weitere Umgebung bis nach Berlin versorgt. Auf eine nahezu 140-jährige Tradition kann das Ende April/Anfang Mai gefeierte Baumblütenfest zurückblicken, das als eines der größten Volksfeste Deutschlands gilt. Oben im Bild ist, jenseits der Eisenbahnbrücke, auf der Züge von Berlin und Potsdam Richtung Magdeburg verkehren, der von der Havel gebildete Große Zernsee zu erkennen.

Die Kernstadt Werders befindet sich in prominenter Lage auf der ein großes Oval bildenden Havelinsel. Die meisten der Wohnhäuser in der Altstadt wurden im späten 18. und frühen 19. Jahrhundert gebaut. In der Bildmitte erhebt sich das markanteste Gebäude der Stadt, die Heilig-Geist-Kirche mit ihrem etwa 50 Meter hohen Turm. Sie wurde zwischen 1856 und 1858 nach einem Entwurf des Architekten Friedrich August Stüler im neugotischen Stil errichtet.

An einer Havelbucht zwischen dem Schwielowsee und dem Templinsee erstreckt sich das Zentrum Capuths. Das Dorf, im 19. Jahrhundert eine bedeutende Umladestation für nach Berlin verschiffte Ziegel, entwickelte sich am Beginn des 20. Jahrhunderts zu einem beliebten Ausflugsort. Albert Einstein ließ sich 1929 hier ein Sommerhaus bauen, von dem aus er mit seinem Jollenkreuzer *Tümmler* ausgedehnte Segeltouren auf den umliegenden Gewässern unternahm.

Mit dem Nachbarort Geltow ist Caputh durch die Wagenseilfähre Caputh verbunden. Der Fährverkehr über dem Caputher Gemünde, einer nur etwa 50 Meter breiten Engstelle der Havel (rechte Bildhälfte unten), besteht seit 1853.

Unweit des Machnower Sees sorgt die einzige Schleuse des Teltowkanals dafür, dass der zwischen Spree und Havel bestehende Höhenunterschied von 2,7 Metern überwunden wird. Die denkmalgeschützte Anlage der Schleuse Kleinmachnow wurde von 1900 bis 1906 nach Plänen der Königlichen Bauräte Max Contag und Christian Havestadt erbaut und im Juni 1906 von Kaiser Wilhelm II. eingeweiht. Ursprünglich eine Zwillingsschleuse mit zwei Kammern von jeweils 67 Metern Länge und 10 Metern Breite, wurde 1939/1940 eine weitere, etwas längere Kammer hinzugefügt, die sogenannte Nordschleuse. In den Jahren 2000 bis 2005 wurde die Kleinmachnower Schleuse aufwendig instand gesetzt.

Unten im Bild sieht man die vier Hubtore der Schleuse, oben das Schleusengebäude an der Straßenbrücke. Auf der Plattform zwischen den beiden ursprünglichen Kammern ist die Schleusnerbude zu erkennen, in der einst der Schleusenmeister über Fernsprecher oder mittels Klopfzeichen seine Anweisungen an die Schaltwärter und Schleusenknechte gab. Heute ist dort eine Informationsstelle untergebracht.

PRIGNITZ

Die Flusslandschaft der Elbe ist seit 1997 ein von der UNESCO anerkanntes Biosphärenreservat, das sich über fünf Bundesländer erstreckt und eine Fläche von insgesamt nahezu 279.000 Hektar umfasst, von denen rund 53.000 Hektar auf den Teil im Land Brandenburg entfallen. Die weitgehend naturbelassenen Elbauen bei Wittenberge bieten bei dem häufig auftretenden Hochwasser ausgedehnte Überflutungsbereiche, außerdem sind sie Schutzraum einer artenreichen Tier- und Pflanzenwelt; so hat sich der Bestand des fast schon ausgestorbenen Elbe-Bibers wieder erholt.

Die bei Wittenberge die Elbe überquerende Eisenbahnbrücke ist mit ihren 1030 Metern die längste von der Deutschen Reichsbahn in der DDR gebaute Brückenkonstruktion. Errichtet wurde das Bauwerk, dessen Tragwerk aus einer stählernen Fachwerkstruktur besteht, von 1982 bis 1987.

Wittenberge, der größte Ort der Prignitz, war bis Anfang der 1990er Jahre eine florierende Industriestadt mit einer großen Nähmaschinenfabrik, einem Zellstoffwerk und einer schon 1823 gegründeten Ölmühle. Von den großen Betrieben ist lediglich ein Eisenbahn-Instandhaltungswerk geblieben, das nun von der Deutschen Bahn genutzt wird.

Die Kernstadt von Perleberg liegt auf einer vom Hauptlauf und einem Nebenarm der Stepenitz umflossenen Insel. Im späten Mittelalter erlebte Perleberg, das im Jahr 1239 das Stadtrecht erhalten hatte, vor allem dank des Tuch- und Getreidehandels eine wirtschaftliche Blüte. Stark in Mitleidenschaft gezogen wurde die Stadt während des Dreißigjährigen Krieges. Sie diente mehrere Jahre als Quartier von Regimentern Wallensteins und wurde sowohl von schwedischen wie von kaiserlichen Truppen geplündert. Heute präsentiert sich die Stadt mit ihrem schmucken Ortskern als »Perle der Prignitz«.

Den Hauptanziehungspunkt des historischen Ortskerns bildet der Große Markt mit dem Rathaus und der Rolandstatue. Diese 4,26 Meter hohe, am nordöstlichen Ende des Marktes (rechte Bildhälfte) stehende Sandsteinfigur wurde 1546 hier aufgestellt und gilt als Wahrzeichen der Stadt. Das gegenüberliegende Rathaus besteht aus zwei verschieden alten Bauteilen. Das dreistöckige Backsteingebäude mit dem filigranen Turm wurde 1839 nach Entwürfen von Friedrich August Stüler neu erbaut, der klei-nere zweistöckige Teil mit den umlaufenden Strebepfeilern ist von dem vermutlich aus dem 15. Jahrhundert stammenden Vorläuferbau erhalten geblieben.

Westlich davon erhebt sich die Pfarrkirche St. Jakobi. Der dreischiffige gotische Backsteinbau wurde erstmals 1294 urkundlich erwähnt. In den folgenden Jahrhunderten gab es mehrmals Umbauten, unter anderem ebenfalls durch Stüler in der Mitte des 19. Jahrhunderts.

Aus der Luft besonders gut zu erkennen ist die regelmäßige Anlage des historischen Stadtkerns von Pritzwalk, die auf eine planvolle Gründung schließen lässt. Sie erfolgte vermutlich in der ersten Hälfte des 13. Jahrhunderts, wohl auf Veranlassung der Gans Edlen Herren zu Putlitz, die in jener Zeit über dieses Gebiet herrschten. Seit dem 14. Jahrhundert wurde die Stadt, die auch Mitglied der Hanse war, vor allem durch den Tuchhandel wohlhabend. Das dominierende Bauwerk Pritzwalks ist die evangelische Kirche St. Nikolai mit ihrem 72 Meter hohen Turm. Die dreischiffige Hallenkirche ging ursprünglich aus einer im 13. Jahrhundert errichteten Feldsteinbasilika hervor und wurde nach Bränden mehrmals wieder aufgebaut, zuletzt 1880 bis 1882.

Der Aufstieg des kleinen Ortes Wilsnack zu einer religiös bedeutenden Stadt ist seiner weitgehenden Zerstörung im Jahr 1383 zu verdanken. Denn in der Ruine der Kirche fand der Dorfpfarrer drei unversehrte Hostien mit Blut Christi – eine willkommene Sensation in dieser wundergläubigen Zeit. Bereits im folgenden Jahr wurde mit dem Bau einer Wallfahrtskirche, der monumentalen Wunderblutkirche St. Nikolai begonnen, die bis in die Mitte des 16. Jahrhunderts Ströme von Pilgern in die Stadt lockte. Mit dem Übertritt der Stadtbürger zum Protestantismus endeten die Wallfahrten. Der reich verzierte Renaissancegiebel der Westfassade wurde vermutlich erst danach hinzugefügt.

Bereits 1788 ließ König Friedrich Wilhelm II. am Rand von Neustadt an der Dosse zwei Gestüte anlegen: das Friedrich-Wilhelm-Gestüt und das Gestüt Lindenau. Sie bilden seither das Zentrum der preußischen Pferdezucht. Heute gehören sie zur Stiftung Brandenburgisches Haupt- und Landgestüt Neustadt (Dosse). Das Gestütsareal umfasst mit ausgedehnten Koppeln und Ackerflächen, mit Stallungen und Wohn- und Wirtschaftsgebäuden rund 400 Hektar. Im Bild ist das im Westen von Neustadt gelegene Landgestüt (ehemals Gestüt Lindenau) zu sehen.

Der zentrale Gebäudekomplex des Landgestüts ist als Vierseithof angelegt und steht, wie auch sein Pendant, das historische Häuserensemble im Hauptgestüt, unter Denkmalschutz. Links im Bild das zweigeschossige, 29-achsige Wohn- und Verwaltungsgebäude; die Längsseiten werden von Stallgebäuden gebildet. Im Innenhof befindet sich, teilweise beschattet von der kurzen Baumallee, ein Paddock für den Auslauf der Pferde; außerdem sind zwei Reit- und Trainingsplätze zu erkennen.

Der lang gestreckte Marktplatz von Kyritz an der Knatter wird von Fachwerkhäusern gesäumt, die zum Teil noch aus dem späten 17. Jahrhundert stammen. In der Bildmitte unten erhebt sich die spätgotische Pfarrkirche St. Marien. Die schmale Westfassade mit dem Doppelturm, die nach Plänen von Friedrich August Stüler erbaut wurde, ersetzte in der Mitte des 19. Jahrhunderts einen alten Feldsteinturm.

Die Hansestadt Kyritz wurde 946 erstmals urkundlich erwähnt und 1237 zur Stadt erhoben. Der Beiname »an der Knatter« verweist übrigens nicht auf den Fluss, an dem die Stadt liegt – der heißt Jäglitz –, sondern rührt vom Geknatter der zahlreichen Wassermühlen her, die hier einst an einem Nebenarm der Jäglitz standen.

Am nordöstlichen Ende des Marktplatzes steht, zwischen dem Rathaus (unten) und dem Bankgebäude aus dem Jahr 1913 (oben), die Friedenseiche, die 1871 aus Anlass der Gründung des Deutschen Reiches hier eingepflanzt wurde.

Der historische Kern der am Zusammenfluss von Dosse und Glinze gelegenen Kleinstadt Wittstock ist noch nahezu vollständig von einer ursprünglich bis zu elf Meter hohen Stadtmauer umschlossen, die den Ort bis zum Dreißigjährigen Krieg gegen Angriffe sicherte. Von den ehemals drei Stadttoren hat lediglich das im 14. Jahrhundert erbaute Gröpertor (am linken Bildrand) die Zeiten überdauert. In der Mitte des Bildes ist das am Beginn des 20. Jahrhunderts im Stil der Neugotik umgebaute Rathaus zu sehen; rechts davon steht der mächtige Backsteinbau der St.-Marien-Kirche, eine dreischiffige Hallenkirche. Der Unterbau des massiven Turmes stammt aus der ersten Hälfte des 13. Jahrhunderts. Der ursprünglich spitze Turmhelm wurde 1704 durch eine barocke Haube ersetzt.

Von der Alten Bischofsburg, die den südlichen Abschluss der Wehranlagen bildete, ist nur noch der 32 Meter hohe Amtsturm aus dem 13. Jahrhundert erhalten. In dem Gebäude links vom Turm residiert heute der Wittstocker Bürgermeister.

Das auf einer Insel gelegene Schloss Rheinsberg ist über drei Brücken zugänglich – hier im Bild die wichtigste, zum Hauptportal führende. Die dreiflügelige Anlage umschließt einen Ehrenhof, der zum Grienericksee ausgerichtet ist und durch Kolonnaden optisch geschlossen wird. Von 1736 bis zu seiner Thronbesteigung 1740 verbrachte Kronprinz Friedrich, der spätere König Friedrich II., hier unbeschwerte Jahre. Er umgab sich mit Gelehrten, Künstlern und Musikern und begann seinen Briefwechsel mit Voltaire. Er beauftragte in dieser Zeit auch die Baumeister Kemmeter und Knobelsdorff mit umfangreichen Erweiterungen des Schlosskomplexes.

RUPPINER LAND

Ein Panorama, in dem sich Architektur und Gartenkunst auf besonders anmutige Weise in die umgebende Landschaft einfügen: Vor dem Schloss bildet ein Rasenparterre einen gleitenden Übergang zum Grienericksee; jenseits des Sees erhebt sich auf einer dreistufig terrassierten Anhöhe, genau in der vom Schloss ausgehenden Sichtachse platziert, der 1791 von Georg Friedrich von Boumann entworfene Obelisk. Die auf dem Sockel des Denkmals angebrachten Medaillons erinnern an verdiente Offiziere des Siebenjährigen Krieges. Das Kavalierhaus, das langgestreckte dreiflügelige Gebäude nördlich (rechts) des Schlosses, wurde erst später errichtet und 1774 fertiggestellt. In ihm ist heute die Musikakademie Rheinsberg untergebracht.

Nördlich von Rheinsberg hat sich direkt am Rheinsberger See ein Ferienpark mit zahlreichen Freizeit- und Wellnessangeboten etabliert. Viele der im skandinavischen Stil gehaltenen Ferienhäuser haben einen eigenen Bootsanleger. Der 22 Meter hohe Leuchtturm im Hafendorf ist der einzige Leuchtturm Brandenburgs.

Der Große Stechlinsee, meist nur »Stechlin« genannt, ist Teil des Naturparks Stechlin-Ruppiner Land. Mit einer Wasserfläche von rund 432 Hektar zählt er zwar nicht zu den größten Seen Brandenburgs, mit bis zu 69 Metern Tiefe ist er aber der tiefste. Der von Buchenwäldern umgebene Stechlin gehört zu den saubersten Gewässern Brandenburgs und wird unter anderem auch deshalb von vielen Erholungssuchenden geschätzt. Aufgrund der Nährstoffarmut ist sein Wasser so klar, dass sich sogar eine Tauchbasis an seinem Ufer etablieren konnte. Der See ist Jagdgebiet von See- und Fischadlern, von Habichten und Reihern.

Seit Juni 2012 betreibt das Leibniz-Institut für Gewässerökologie und Binnenfischerei im Stechlin ein Seelabor, in dem die Auswirkungen des Klimawandels auf ökologische Zusammenhänge in Seen untersucht werden. Zu diesem Zweck werden in den 24 Zylindern der Anlage veränderte Umweltverhältnisse simuliert.

Neuruppin, die am Ufer des Ruppiner Sees gelegene Geburtsstadt Karl Friedrich Schinkels und Theodor Fontanes, gehörte bereits im 16. Jahrhundert zu den größten Städten der Mark Brandenburg. Seit 1688 war sie Garnisonstadt. Einem verheerenden Brand im Jahr 1787 fielen alle öffentlichen Bauten und mehr als die Hälfte der Wohnhäuser zum Opfer. Dem Wiederaufbau ist die regelmäßige Anlage der Straßen zu verdanken, die noch heute das Stadtzentrum prägt.

In der Bildmitte ist der Schulplatz und das 1790 erbaute dreiflügelige Alte Gymnasium zu sehen, das auch Schinkel und Fontane besuchten. Am oberen Bildrand sind die Zwillingstürme der evangelischen Klosterkirche auszumachen, deren Baugeschichte bis in das Jahr 1246 zurückreicht.

Die direkt an der Havel gelegene großzügige barocke Anlage von Schloss Oranienburg wurde 1651 bis 1652 von Johann Gregor Memhardt erbaut, der zu jener Zeit Hofbaumeister des Kurfürsten Friedrich Wilhelm war. Da der Große Kurfürst das Schloss für seine Gemahlin, Luise Henriette von Oranien, errichten ließ, erhielt es den Namen »Oranienburg«. Erheblich erweitern ließ es der Sohn der Kurfürstin, der spätere preußische König Friedrich I., in den Jahren 1689 bis 1711.

Nachdem es in späterer Zeit als Baumwollmanufaktur, Chemiefabrik und, in der DDR-Zeit, als Kaserne diente, beherbergt es heute, prachtvoll restauriert, ein von der Stiftung Preußische Schlösser und Gärten betriebenes Schlossmuseum.

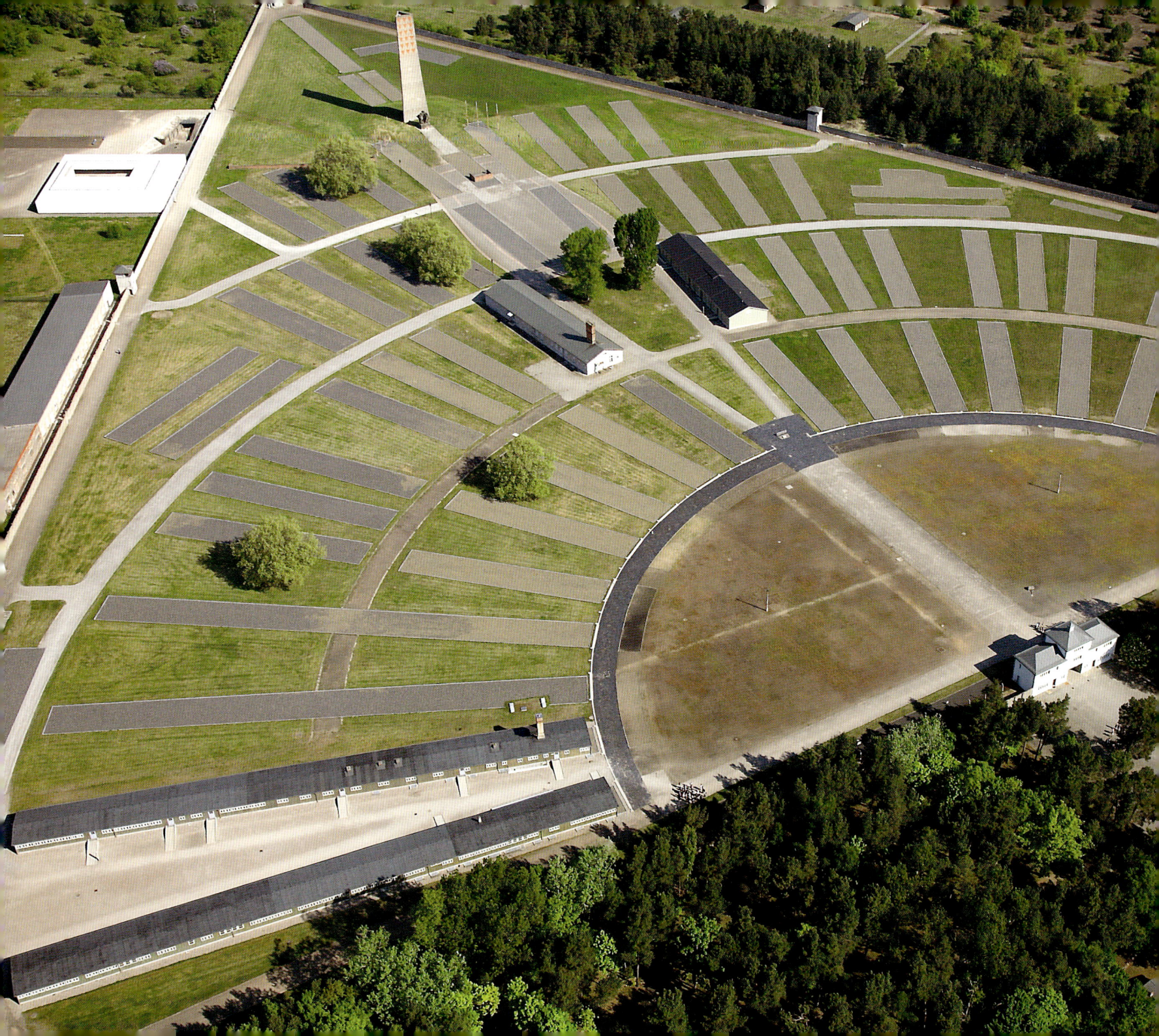

Im 1936 von den Nationalsozialisten eingerichteten Konzentrationslager Sachsenhausen bei Oranienburg waren bis 1945 mehr als 200.000 Menschen interniert. Zehntausende von ihnen wurden hier ermordet oder kamen durch Hunger, Krankheit und Zwangsarbeit ums Leben. Das von SS-Architekten in Form eines gleichschenkeligen Dreiecks entworfene Lager sollte die vollkommene Kontrolle von der SS-Lagerleitung her (»Turm A«, in der Bildmitte) gewährleisten. Zu den hier Inhaftierten gehörten u. a. der evangelische Theologe Martin Niemöller, der Hitler-Attentäter Georg Elser, der Verleger Peter Suhrkamp und der Schriftsteller Jurek Becker.

Die grauen Rechtecke zeichnen den Standort der Häftlingsbaracken nach. Erhalten geblieben sind das Gebäude der einstigen Häftlingswäscherei (vorne links) und die ehemalige Häftlingsküche (rechts). In der Bildmitte oben ist der rund 40 Meter hohe Obelisk der 1961 errichteten »Nationalen Mahn- und Gedenkstätte« zu sehen, zu seinen Füßen die Skulptur »Befreiung« von René Graetz. Gedenkstätte und Museum Sachsenhausen sind seit 1993 Teil der Stiftung Brandenburgische Gedenkstätten.

UCKERMARK

Das Stadtbild Prenzlaus wird heute von Serien lang gestreckter Platten-bauten geprägt, die nach den Zerstörungen im Zweiten Weltkrieg in den 1950er Jahren errichtet wurden. Einige markante Bauwerke erinnern aber noch daran, dass Prenzlau auf eine reiche und bewegte Geschichte zurückblicken kann. Als erster Gemeinde in seinem Herrschaftsbereich verlieh Herzog Barnim I. von Pommern im Jahr 1234 Prenzlau den Status als freie Stadt. Im 13. und 14. Jahrhundert erlebte sie einen lang anhal-tenden Aufschwung, im späten Mittelalter gehörte sie zu den vier be-deutendsten Städten der Mark Brandenburg. Auf dem Bild ist links der Uckersee zu erkennen und in der rechten Bildhälfte oben die Marien-kirche, eine gotische Hallenkirche mit zwei hohen Türmen und einem prachtvollen Maßwerkgiebel an der Ostseite.

Von der Alten Nikolaikirche, einer der ältesten Pfarrkirchen Prenzlaus, existiert nur noch das massive Westwerk; heute ist es flankiert von zwei langen Kasernengebäuden aus dem 18. Jahrhundert. Das 1275 von Markgraf Johann II. und seiner Gemahlin Hedwig von Wehrle gestiftete Dominikanerkloster »Zum Heiligen Kreuz« (links oben) bot 1577 der Ge-meinde der baufällig gewordenen Nikolaikirche die Klosterkirche für den Gottesdienst an, die auch den Namen der alten Pfarrkirche über-nahm. Heute wird das Kloster als Kulturzentrum genutzt: Unter ande-rem sind hier das Kulturgeschichtliche Museum und die Stadtbiblio-thek untergebracht.

Bereits 1276 wurde eine auf diesem Gelände errichtete Burg erwähnt. Im Jahre 1528 gelangte die Boitzenburg mit dem umliegenden Land in den Besitz der Familie von Arnim. Bald darauf begannen die zahlreichen Umbauten und Ergänzungen, die schließlich in den Jahren von 1881 bis 1884 zu einer Gestaltung im Stil der Neorenaissance führten. Dem heutigen Besucher präsentiert sich das nach der Wende gründlich sanierte Schloss Boitzenburg mit seinen turmartigen Rundrisaliten, mit den vielen Zwerchhäusern, Schmuckgiebeln, Spitz- und Zwiebeltürmen als ein wahres architektonisches Festspiel.

Nach der Sanierung nahm 2003 ein Hotel besonderer Art im Schloss den Betrieb auf: Auf Familien, Jugendliche und Kinder ausgerichtet, bietet es unter anderem Reiterferien an oder mehrtägige Programme für Klassenfahrten.

Der halb von einem Bogen des Templiner Kanals umschlossene Ort Templin wird zu den schönsten Städten Brandenburgs gezählt. Die vollständig erhaltene Stadtmauer aus Feldsteinen, die aus der ersten Hälfte des 14. Jahrhunderts stammt, markiert deutlich den mittelalterlichen Rahmen der um 1240 angelegten Stadt. Auch der regelmäßige Grundriss des Ortes ist auf der Luftaufnahme gut erkennbar. In der Bildmitte erhebt sich die von 1745 bis 1749 barock überbaute Kirche St. Maria Magdalena, die ursprünglich im 15. Jahrhundert als dreischiffiger Hallenbau errichtet wurde.

Eine seit mehr als 150 Jahren bestehende Lindenallee fasst den quadratischen Marktplatz Templins ein. Das Rathaus, ein dreigeschossiger barocker Putzbau, entstand in seiner jetzigen Form von 1746 bis 1748.

Das in der ersten Hälfte des 13. Jahrhunderts gegründete Angermünde entging weitgehend den Zerstörungen im Zweiten Weltkrieg, der historische Stadtkern, unter anderem mit Fachwerkbauten aus dem 18. Jahrhundert, ist deshalb fast komplett erhalten. Nahezu sämtliche Gebäude wurden in der Zeit von 1990 bis 2007 saniert. Seit 1492 besitzt die Stadt das Marktrecht. In der Mitte des Marktplatzes erhebt sich das Rathaus (unten rechts), das 1520 in einer Urkunde erstmals erwähnt wurde; seine jetzige Gestalt erhielt es in den 1920er Jahren. Oben im Bild ist das Wahrzeichen der Stadt zu sehen, die dreischiffige Hallenkirche St. Marien aus dem 13. Jahrhundert, deren Westturm seit dem 15. Jahrhundert nur unwesentlich verändert wurde. Angermünde ist Sitz der Verwaltung des nahen Biosphärenreservats Schorfheide-Chorin.

Die Raffinerie PCK in Schwedt ist mit ihren über 1100 Mitarbeitern das bedeutendste Wirtschaftsunternehmen in der Uckermark und einer der größten Standorte für die Verarbeitung von Rohöl in Deutschland. Jährlich werden hier rund 12 Millionen Tonnen Mineralöl raffiniert. Haupt-produkte sind Benzin- und Dieselkraftstoffe sowie Heizöl, dazu Kerosin, Flüssiggase und petrochemische Produkte. Die Raffinerie arbeitet rück-standfrei, die nicht verwertbaren Komponenten werden in elektrische Energie umgewandelt und ins Stromnetz eingespeist.

Die Verarbeitung vor allem von russischem Rohöl wurde 1964 aufgenommen, Ende 1970 erfolgte die Gründung des Petrolchemischen Kombinats Schwedt (PCK). Seit 1968 versorgte man von hier aus auch Westberlin mit Kraftstoffen. Der von der Treuhand übernommene Betrieb wurde 1990 umbenannt in Petrolchemie und Kraftstoffe AG. Heute ist das Unternehmen im Besitz internationaler Mineralölgesellschaften (Ruhr Oel, Shell Deutschland und AET-Raffineriebeteiligungsgesellschaft). Das Foto bietet den Blick auf die ausgedehnten Tanklager und die beiden Kühltürme (rechts der Bildmitte) der Raffinerie.

BARNIMER LAND

Die rund 65 Kilometer nordöstlich von Berlin liegende Schorfheide besteht aus großflächigen Waldgebieten mit vielen Mooren, großen und kleinen Seen sowie weiten Heidelandschaften. Sie ist Teil des 1990 gegründeten Biosphärenreservats Schorfheide-Chorin. Einige von dessen Regionen sind als Reservate ausgewiesen, zu denen keinerlei Zutritt gewährt wird. Ansonsten ist die Schorfheide traditionell ein bei Wanderern, Fahrradfahrern, Reitern, Paddlern und Kanuten beliebtes Ausflugs- und Erholungsgebiet. Der Buchenwald im Grumsiner Forst, ebenfalls ein Teil des Biosphärenreservats, ist 2011 in die Liste des UNESCO-Welterbes aufgenommen worden.

Am Ostufer des Grimnitzsees, der bereits zum Gebiet der Schorfheide gehört, liegt die Gemeinde Althüttendorf, Teil des Amtes Joachimsthal. Der kleine, weit verstreute Ort entstand aus der Glashütte, die hier 1653 eingerichtet wurde. Der Grimnitzsee ist ein beliebter, aber nicht über-laufener, im Uferbereich sehr flacher Bade- und Angelsee, dem eine aus-gezeichnete Wasserqualität bescheinigt wird. Rechts im Bild die Bundes-autobahn 11, die nach Norden zur polnischen Grenze (Übergangsstelle Pomellen) und nach Süden bis an den Stadtrand Berlins führt.

Ein von den askanischen Markgrafen Johann I. und Otto III. gestiftetes Zisterzienserkloster namens Mariensee war zunächt 1258 auf der Insel Pehlitzwerder im Parsteiner See gebaut worden; erst Anfang der 1270er Jahre wurde es an seinen jetzigen Standort unweit des Amtssees (früher Choriner See) verlegt. Für die Nachkommen Johanns I. diente das Kloster Chorin als Grablege. Das im Mittelalter wohlhabende Kloster, das ein ungewöhnlich großes Einzugsgebiet hatte, wurde 1542 säkularisiert. Die Klosterkirche gilt als eines der herausragenden Beispiele der Backsteingotik in Brandenburg.

Blick in den Innenhof der Klosteranlage: Rechts ist ein Teil des Hauptschiffs der Kirche zu erkennen, deren Backsteinfassade mit einer dichten Reihe von Fenstern, Spitz- und Rundbögen sowie Arkadenpfeilern stark gegliedert ist.

Nur wenige Kilometer von Eberswalde entfernt liegt am östlichen Ende des Oder-Havel-Kanals bei Niederfinow das von 1927 bis 1934 erbaute Schiffshebewerk (unten links der Bildmitte). Der 85 Meter lange, an 256 Stahlseilen hängende Trog befördert die Schiffe über einen Höhenunterschied von 36 Metern. Die gigantische technische Anlage hat inzwischen den Status eines »geschützten Industriedenkmals« und erhielt eine Auszeichnung als »Historisches Wahrzeichen der Ingenieurbaukunst in Deutschland«, wird aber noch bis etwa 2025 in Betrieb sein. Das Schiffshebewerk ist ein beliebtes Ausflugsziel und wird von jährlich etwa einer viertel Million Menschen besucht.

Da die Kapazitäten des alten Hebewerks längst nicht mehr für den modernen Binnenschiffsverkehr ausreichen, entschied man 1997, ein größeres Hebewerk, »Niederfinow Nord« (oben im Bild), zu errichten. Die Bauarbeiten begannen im Jahr 2006, nach dem ursprünglichen Plan sollten sie 2014 abgeschlossen sein. Nun ist die Vollendung des Bauprojekts für Ende 2019 in Aussicht gestellt. Das neue, 133 Meter lange und 55 Meter hohe Hebewerk soll Schiffe bis zu einer Länge von 115 Metern und einer Breite von 11,45 Metern transportieren können. Die Kosten des Neubaus werden auf rund 300 Millionen Euro veranschlagt.

ODERLAND

Als Oderbruch wird die Oderniederung bezeichnet, die sich etwa von Bad Freienwalde im Norden bis Lebus im Süden erstreckt. Hier bildete die Oder ein Binnendelta aus, das geprägt war von Feucht- und Sumpfgebieten. Bereits im Mittelalter versuchte man, sich mit Dämmen gegen das regelmäßig wiederkehrende Hochwasser zu schützen. Die weitgehende Trockenlegung des Oderbruchs gelang nach mehreren Anläufen zwischen 1747 und 1762; in der Folge konnten über 30.000 Hektar neues fruchtbares Ackerland bestellt werden. Friedrich II. verkündete 1763: »Hier habe ich im Frieden eine Provinz erobert.« Der Oderbruch bleibt allerdings auch in der Gegenwart von Hochwasserkatastrophen bedroht.

Frankfurt an der Oder, die im 13. Jahrhundert an einer relativ schmalen Stelle des Odertals angelegte Stadt, war früh eine wichtige Station im West-Ost-Handel. Die beiden ältesten Kirchen der Stadt stammen aus dieser Zeit: die Friedenskirche, um 1226 als Nikolaikirche erbaut (Bildmitte), und die Marienkirche von 1253, die im 15. Jahrhundert zur fünfschiffigen Hallenkirche ausgebaut wurde (am rechten Bildrand).

Der Wiederaufbau nach erheblichen Zerstörungen in den letzten Wochen des Zweiten Weltkriegs veränderte den Grundriss der Altstadt tief greifend – so kam etwa eine breite Magistrale in nordsüdlicher Richtung hinzu. Im Vordergrund des Bildes rechts der Oderturm, ein 1976 fertiggestelltes Bürohochhaus, in der Mitte die Lenné Passagen, ein Zentrum für Dienstleister und den Einzelhandel. Rechts im Bild, am östlichen Ufer der Oder, ist die polnische Nachbarstadt Słubice, einst ein Stadtteil von Frankfurt, zu sehen.

Seit Dezember 2007 besteht freier Grenzverkehr gemäß dem Schengener Abkommen zwischen den Nachbarländern Deutschland und Polen. Auch an dieser ehemaligen Grenzstation an der Autobahn A 12 bei Frankfurt an der Oder werden keine Passkontrollen mehr durchgeführt. Rechts im Bild ist die Eisenbahnbrücke zu sehen, die zur Bahnstrecke Frankfurt – Poznán (Posen) gehört, eine der wichtigsten, bereits seit 1870 bestehenden Verkehrsverbindungen zwischen Deutschland und Polen.

Das Rittergut Quilitz aus dem 14. Jahrhundert wurde nebst anderen Länderreien 1814 dem preußischen Staatskanzler Karl August von Hardenberg verliehen. Der benannte es in Neuhardenberg um und ließ das bestehende Schloss Anfang der 1820er Jahre von Karl Friedrich Schinkel großzügig im klassizistischen Stil umbauen (rechts über der Bildmitte). Der an das Gebäudeensemble angrenzende englische Landschaftsgarten wurde im Wesentlichen von Fürst Pückler-Muskau und Peter Joseph Lenné gestaltet. Am linken Bildrand ist die ebenfalls nach Plänen von Schinkel errichtete Kirche zu sehen. In den ehemaligen Wirtschaftsgebäuden rechts der Kirche sind ein Veranstaltungssaal, ein Ausstellungsraum und ein Restaurant untergebracht; in den lang gestreckten Bauten im unteren rechten Bildteil befindet sich ein Hotel.

Südlich von Eisenhüttenstadt steht noch heute ein Teil der einstigen Oderbrücke im Fluss. Sie hatte den nahe gelegenen Ort Fürstenberg, einen bedeutenden Umschlagplatz für den Warenverkehr mit Polen, mit dem östlichen Ufer der Oder verbunden. Die Brücke wurde am 4. Februar 1945 gesprengt, um den Vormarsch der sowjetischen Armee zu stoppen. Fürstenberg wurde 1961 mit Stalinstadt, der »sozialistischen Wohnstadt« beim neu errichteten Eisenhüttenkombinat Ost, zusammengelegt, die neue Gemeinde erhielt den Namen Eisenhüttenstadt.

Das 1951 buchstäblich aus dem Boden gestampfte Eisenhüttenkombinat Ost war das wichtigste Hüttenwerk der DDR. Hier waren zeitweilig bis zu 16.000 Menschen beschäftigt. Nach der Wende wurde es von der Treuhand 1994 an einen belgischen Konzern verkauft und auch mithilfe öffentlicher Mittel umfassend modernisiert. Seit 2006 gehört es zum transnationalen Stahlkonzern ArcelorMittal. Das Hüttenwerk produziert heute hauptsächlich Flachstahl, der in der Automobil- und Lebensmittelindustrie und im Bauwesen weiterverarbeitet wird.

Das Stift Neuzelle gehört zu den wenigen komplett erhaltenen Klosteranlagen Deutschlands. Gegründet wurde es 1268 von dem Markgrafen Heinrich dem Erlauchten als Zisterzienserstift. Das Kloster verfügte im Mittelalter über ausgedehnten Grundbesitz, dazu gehörte zum Beispiel auch das Städtchen Fürstenberg (heute ein Teil Eisenhüttenstadts). Bemerkenswert ist, dass das Kloster Neuzelle als eines der wenigen katholischen Klöster in Brandenburg während der Reformationszeit nicht aufgelöst wurde. Erst 1817 säkularisierte es die preußische Regierung. Nachdem es in der DDR in staatlichen Besitz übergegangen war, wurde es 1996 als Stiftung Stift Neuzelle wiedergegründet.

Die dreischiffige gotische Hallenkirche aus dem späten 13. Jahrhundert wurde um 1730 im Stil des böhmischen Barock umgewandelt und im Inneren reich ausgestattet. Auch der kompakte Uhrturm auf der barocken Vorhalle und der Zentralbau der kleinen Josephskapelle kamen in dieser Zeit hinzu.

LAUSITZ

Cottbus, die an der Spree gelegene zweitgrößte Stadt des Landes Brandenburg, blühte im Zuge der Industrialisierung im 19. Jahrhundert auf. Insbesondere das in Cottbus seit Beginn des 15. Jahrhunderts starke Textilgewerbe entwickelte sich zur Großindustrie. Heute ist die Stadt vor allem ein Verwaltungs- und Dienstleistungszentrum; außerdem ist sie das kulturelle Zentrum der Sorben in der Lausitz.

Das Bild zeigt das Areal östlich vom Altmarkt. Links oben ist die mächtige Oberkirche St. Nikolai zu sehen, eine dreischiffige Hallenkirche aus dem 15. Jahrhundert. Auffällig ist das überhöhte Mittelschiff, dessen Satteldach durch ein Mauerband von den Seitenschiffen abgesetzt ist. In der Bildmitte befindet sich der dreiflügelige Bau des Amtsgerichts. Oben rechts erhebt sich auf dem Gerichtsberg der 46 Meter hohe mittelalterliche Schlossturm; rechts daneben steht das 1877 gebaute Landgericht.

Am Beginn des 20. Jahrhunderts erlebte das wirtschaftlich florierende Cottbus auch in kultureller Hinsicht einen Aufschwung. Sichtbares Zeichen dafür ist das 1908 nach Entwürfen des Architekten Bernhard Sehring errichtete Stadttheater. Der von Grünanlagen umsäumte Bau ist deutlich vom Jugendstil inspiriert, der damals modernsten Kunstrichtung, weist aber auch neoklassizistische Elemente auf. Dem in den 1980er Jahren umfassend restaurierten Haus, das die Sparten Schauspiel, Musiktheater, Ballett und Philharmonisches Orchester bedient, wurde 1992 der Titel eines Staatstheaters verliehen.

Ein wahres Juwel der Gartenkunst ist der bei Cottbus gelegene Park Branitz. Der exzentrische Hermann Fürst von Pückler-Muskau, Schriftsteller, Gartengestalter und passionierter Reisender, legte ihn als englischen Landschaftsgarten an. Die Arbeiten begannen 1846 und wurden bis in die späten 1860er Jahre fortgeführt. Zu den exklusiven Besonderheiten des Parks gehören die beiden Pyramiden, die Pückler-Muskau im Gedenken an seine Ägyptenreise entwarf. Im Inneren der Wasserpyramide, einer künstlichen Insel, wurde er auf seinen Wunsch hin bestattet. Nach seinem Tod im Jahre 1871 bettete man seine schon vorher gestorbene Frau dorthin um.

Das im Park gelegene Schloss Branitz diente seit 1846 als Wohnsitz Pückler-Muskaus. Er ließ den zweigeschossigen Putzbau aus der zweiten Hälfte des 18. Jahrhunderts vom Dresdner Baumeister Gottfried Semper umgestalten. Dieser fügte unter anderem die Freitreppe und die Pergola hinzu.

Im Lausitzer Braunkohlerevier wird schon seit der ersten Hälfte des 19. Jahrhunderts Kohle gefördert. Vollkommen neue Ausmaße erreichte der Braunkohletagebau 1924, als – in der Plessaer Grube »Agnes« – die weltweit erste Abraumförderbrücke zum Einsatz kam. Eine solche Förderbrücke sorgt für den direkten Transport der gewaltigen Mengen der über der Braunkohle liegenden Bodenschichten aus der Grube auf die Kippe. Diese Technologie ist bei horizontal gelagerten Flözen mit hoher Effizienz einsetzbar – hat allerdings auch gewaltige Auswirkungen auf Natur und Umwelt.

Die in der Lausitz eingesetzten Abbaugeräte sind wahre Giganten der Technik. Auf diesem Bild vom Tagebau Nochten bei Weißwasser, in dem jährlich bis zu 18 Millionen Tonnen Braunkohle gefördert werden, ist ein sogenannter Eimerkettenbagger zu sehen.

In der einstigen Bergbaustadt Großräschen startete im Jahr 2000 die Internationale Bauausstellung (IBA) »Fürst-Pückler-Land«, die entscheidende Impulse für die landschaftliche Umgestaltung des Niederlausitzer Braunkohlereviers gab. Das erste IBA-Projekt umfasste die – 2007 eingeleitete – Flutung der Grube »Meuro«, den Bau einer neuen Uferpromenade an der vormaligen Abbruchkante des Tagebaus und die Anlage eines Hafens.

Den Vordergrund des Bildes nimmt der inzwischen entstandene See Ilse, benannt nach der ersten Grube des Braunkohletagebaus, ein. In der Bildmitte sind die IBA-Terrassen zu sehen, rechts der Bildmitte die noch im Bau befindlichen Anlagen des Hafenensembles. Der hinter den Terrassen gelegene Gebäudekomplex mit dem dunkelroten Dach ist einer der wenigen erhaltenen historischen Bauten der Stadt: Das ehemalige Ledigenwohnheim der Ilse Bergbau AG beherbergt heute das 4-Sterne-»See-Hotel«.

Im 13 Kilometer von Großräschen entfernten Senftenberg konnte das traditionelle Stadtbild bewahrt werden. Der erstmals in einer Urkunde aus dem Jahr 1279 genannte Ort verdankte seinen wirtschaftlichen Aufschwung im 19. Jahrhundert der Entdeckung von Braunkohle in der Region im Jahr 1860. Heute ist die Stadt ein beliebter Ausgangspunkt für Ausflüge in die sich touristisch rasant entwickelnde Lausitzer Seenlandschaft.

Der alte Stadtkern Senftenbergs ist kreisförmig angelegt, das Zentrum bildet der Markt, der an der West- und Nordseite von historischen Gebäuden gesäumt wird. Das älteste Haus stammt aus dem Jahr 1675. Östlich des Marktes erhebt sich die Peter-und-Paul-Kirche aus dem 13. Jahrhundert mit der mächtigen gotischen Halle und dem dreigeschossigen Turm. Dahinter ist die im Jahr 1749 errichtete Wendische Kirche sichtbar, in der seit 2010 wieder Gottesdienste in sorbischer Sprache abgehalten werden.

Der nur wenige Kilometer von der deutsch-polnischen Grenze entfernt liegende Ort Groß Schacksdorf in der Niederlausitz wurde 1346 – damals noch unter dem Namen Groß Tzschacksdorf – erstmals urkundlich verzeichnet. Er ist umgeben von mehr als zwanzig, zum Teil großflächigen Teichen, in denen sich eine vielfältige Tierwelt unter anderem mit Fischottern, Reihern und Eisvögeln entwickelt hat. Am 31. Dezember 2001 erfolgte der Zusammenschluss Groß Schacksdorfs mit der vormals selbstständigen Gemeinde Simmersdorf.

Die acht Windenergieanlagen im Hintergrund wurden im Dezember 2009 in Betrieb genommen. Sieben der Anlagen haben eine Gesamthöhe von jeweils 180 Metern, die achte ist mit 150 Metern Höhe etwas kleiner. In diesem Windpark können jährlich rund 42.000 MWh Strom produziert werden – das entspricht dem jährlichen Verbrauch einer Stadt mittlerer Größe mit etwa 45.000 Einwohnern.

Das südlich des Dorfkerns liegende Gutshaus Groß Schacksdorf wurde im ausgehenden 17. und ersten Viertel des 18. Jahrhunderts über den Resten einer früheren Wasserburg errichtet. Ein nördlich vom Gebäude verlaufender Entwässerungsgraben ist vermutlich ein Relikt des vormaligen Burggrabens. Der zweigeschossige Putzbau mit dem mächtigen, nach allen Seiten hin abgewalmten Dach und dem vorgezogenen, leicht aus der Mittelachse gerückten Treppenhaus ist heute in Privatbesitz.

SPREEWALD

Die ursprüngliche Anlage des im 13. Jahrhundert entstandenen Ortes Luckau ist sehr gut zu erkennen: Baumreihen säumen den Stadtgraben, der zusammen mit einer teilweise noch erhaltenen Mauer Luckau vor Angriffen schützen sollte. Im nördlichen Teil des Ortskerns (in der linken Bildhälfte oben) erhebt sich die evangelische Pfarrkirche St. Nikolai, eine große, doppeltürmige Hallenkirche aus dem 14. Jahrhundert. Seit dem späten Mittelalter war die günstig an Fernverkehrsstraßen gelegene Stadt ein bedeutender Handelsort. Im Jahr 2000 fand in Luckau die brandenburgische Landesgartenschau statt.

Zentrum der Stadt war seit je der Marktplatz, nach allen Seiten umgrenzt von Häusern, die zum Teil noch aus dem frühen 18. Jahrhundert stammen. Einige davon weisen besonders reich verzierte Giebelfassaden auf (oberer Bildrand). Auf dem Marktplatz selbst stehen die ehemalige Georgenkapelle aus dem 13. Jahrhundert mit dem angebauten fünfgeschossigen oktogonalen Hausmannsturm und der im 17. Jahrhundert errichtete Renaissancebau des Rathauses, der später im klassizistischen Stil überformt wurde.

Das in Fürstlich-Drehna, einem Ortsteil von Luckau, gelegene Schloss wurde im 14. Jahrhundert errichtet und im 16. Jahrhundert zu einem vierflügeligen Ensemble mit zwei mächtigen Wehrtürmen ausgebaut. Auch der das Gebäude umschließende Wassergraben kam in dieser Zeit hinzu. Peter Joseph Lenné legte im frühen 19. Jahrhundert einen ausgedehnten Landschaftspark um das Schloss an. In der Zeit der DDR diente das Wasserschloss als Jugendwerkhof für schwer erziehbare Jugendliche, heute wird es als Hotel genutzt.

Blick auf den historischen Stadtkern von Lübbenau mit dem klassizistischen Schloss (Bildmitte) und dem sich anschließenden englischen Landschaftspark sowie dem alten Marktplatz (rechts unten). Am Rande des Marktplatzes erhebt sich die barocke Stadtkirche St. Nikolai, erbaut von 1738 bis 1741 nach Entwürfen des Dresdner Baumeisters Gottfried Findeisen. Lübbenau verfügt über den größten Hafen im Spreewaldgebiet, von dort, aber auch von kleineren Anlegestellen aus können mit Kähnen Ausflüge in das weit verzweigte Wasserwegenetz des Spreewaldes unternommen werden.

Der Spreewald, ein von der Spree und ihren Verzweigungen durchflossenes Niederungsgebiet, ist seit 1991 ein von der UNESCO anerkanntes Biosphärenreservat. Es gilt hier, eine in Mitteleuropa einmalige Auen- und Moorlandschaft zu schützen. Gefährdet ist das Areal allerdings durch Schadstoffe aus den Tagebaugebieten des Lausitzer Braunkohlereviers, die in der Spree und anderen Wasserläufen hierhin transportiert werden.

Seit vielen Jahrzehnten ist der Spreewald ein beliebtes Ausflugsziel, das vielfältige Möglichkeiten für Sport- und Freizeitaktivitäten bietet. In der Bildmitte links das Ringhotel Waldhotel Eiche in der Nähe von Burg, eines der zahlreichen mitten im Spreewald gelegenen Feriendomizile.

Die 1294 erstmals urkundlich erwähnte Gemeinde Straupitz liegt am nördlichen Rand des Spreewaldes. Ihre wirtschaftliche Blütezeit erlebte sie, nachdem Christoph von Houwald, General in Diensten Schwedens, Kursachsens und Kurbrandenburgs, 1655 Straupitz und die umliegenden Ortschaften erworben hatte. Bis in die Mitte des 19. Jahrhunderts war Sorbisch die Hauptsprache in der Stadt.

Erneuerbare Energie wird zunehmend auch in Brandenburg produziert. Nach anfänglichem Widerstand sind Windkraftanlagen, wie hier auf dem Bild die Windparks bei Neu Zauche, inzwischen weitgehend akzeptiert.

Das markanteste, weit über alle anderen Bauten der Stadt hinausragende Gebäude in Straupitz ist die monumentale klassizistische Kirche, die Carl Heinrich Ferdinand von Houwald 1828 bis 1832 nach Plänen von Karl Friedrich Schinkel errichten ließ – wobei allerdings der Entwurf des berühmten Architekten beim Bau verändert wurde. Auffällig sind vor allem die beiden dreigeschossigen, etwa 40 Meter hohen Türme mit den Rundbogenfenstern und den flach abgeschlossenen Dächern.

Im Südosten der Stadt Peitz erstreckt sich eine ausgedehnte Teichland-schaft, mit nahezu 1000 Hektar Fläche die größte in Deutschland. Die Fischzucht wird hier seit 1556 betrieben, als Markgraf Johann von Küstrin die ersten Teiche anlegen ließ. Traditionell werden hier vor allem Karp-fen gezüchtet, die wegen ihrer hervorragenden Qualität unter anderem auch an den preußischen Hof geliefert wurden. Die Peitzer Teiche sind Heimat vieler Wasservogelarten wie Fischreiher und Kormorane und in-sofern auch von großer ökologischer Bedeutung. Für Besucher werden Kahnfahrten auf den Teichen oder geführte Wanderungen angeboten.

POTSDAM

Blick aus südwestlicher Richtung auf Potsdam, die von einer Fluss- und Seenlandschaft gesäumte Hauptstadt des Landes Brandenburg. In der Bildmitte ist ihr historisches Zentrum zu sehen, der Alte Markt, der von der nach Plänen Karl Friedrich Schinkels 1838 bis 1848 errichteten Nikolaikirche dominiert wird. Links vom wiederaufgebauten Potsdamer Stadtschloss erstreckt sich das Gebäude des ehemaligen Marstalls, das heute das Filmmuseum beherbergt. Im Vordergrund rechts die Lange Brücke, die über die von der Havel umflossene Freundschaftsinsel hinweg die Teltower Vorstadt mit der Innenstadt verbindet.

Der wichtigste Schritt zur »behutsamen Wiederannäherung an das historische Stadtbild« ist mit dem Bau des neuen Brandenburger Landtages auf dem Grundriss des 1945 zerstörten Potsdamer Stadtschlosses getan. Die Fassadengestaltung des Gebäudes hat sich weitgehend am historischen Vorbild orientiert. Links unten im Bild fällt der Blick auf die Nikolaikirche mit dem säulenumkränzten Tambour und der mächtigen Kuppel, dahinter sind das Alte Rathaus und das Knobelsdorff-Haus zu erkennen. Rechts vom Knobelsdorff-Haus erhebt sich das Ende 2016 fertiggestellte Palais Barberini, in dem das privat gestiftete Museum Barberini Kunstausstellungen zeigt. Der Innenhof der dreiflügeligen Anlage öffnet sich zur Havel hin.

Ein Teil der nördlichen Innenstadt zwischen Gutenbergstraße (links) und Altem Markt (oben rechts): Unten im Bild der Luisenplatz mit dem Brandenburger Tor, von dem aus die Brandenburger Straße, die Hauptachse der zweiten barocken Stadterweiterung und heute die Hauptgeschäftsstraße Potsdams, zur St.-Peter-und-Paul-Kirche (oben links) neben dem Bassinplatz führt. Der markante, 64 Meter hohe Glockenturm der katholischen Pfarrkirche hat den Campanile der Kirche San Zeno in Verona zum Vorbild. Rechts oben im Bild sind die Kuppel und die vier Ecktürme der Nikolaikirche zu erkennen.

An der Kreuzung von Friedrich-Ebert-Straße und Hegelallee erhebt sich das Nauener Tor, einst Teil der die barocke Innenstadt umschließenden Stadtmauer. Es wurde in den Jahren 1754 und 1755 durch den Architekten Johann Gottfried Büring nach einer Skizze von Friedrich II. errichtet und gilt als erstes Bauwerk im neugotischen Stil auf dem Kontinent.

Im oberen Bilddrittel ist das holländische Viertel zu erkennen mit den roten Backsteinhäusern, die zwischen 1734 und 1742 unter Leitung von Johann Boumann für neu angeworbene holländische Handwerker gebaut wurden. Das Eckhaus gegenüber vom Nauener Tor ist Sitz des Verwaltungsgerichts Potsdam.

Das Brandenburger Tor war ebenfalls früher Teil der Stadt- und Akzise-
mauer. Friedrich II. ließ es nach Beendigung des Siebenjährigen Krieges
1770 als Siegeszeichen in Form eines römischen Triumphbogens errichten. An der Ausführung waren zwei Baumeister beteiligt: Die Fassade
der zur Stadt hin gewandten Seite gestaltete Karl von Gontard, die andere Seite mit den vier korinthischen Doppelsäulen stammt von seinem
Schüler Georg Unger.

Der um 1733 angelegte, 1854 von Peter Joseph Lenné zu einem Gartenareal
umgewandelte Luisenplatz wurde in den 1930er Jahren gepflastert und
unter anderem als Parkplatz genutzt. Die Linden wurden zur Jahrtau-
sendwende gepflanzt, seither ziert auch wieder ein Brunnen den Platz.

Der Neue Garten, der sich nördlich der Innenstadt entlang des Heiligen Sees erstreckt, war als Gegenprogramm zum alten, barocken Park von Sanssouci entworfen worden. Friedrich Wilhelm II., der Neffe Friedrichs II., ließ ihn in den Jahren 1787 bis 1791 durch den Gartenarchitekten Johann August Eyserbeck d. J. im Stil eines englischen Landschaftsparks anlegen – nach dem Vorbild des Parks von Wörlitz. Vom jungen Peter Joseph Lenné wurde er ab 1816 weiträumiger gestaltet. In der Bildmitte ist das direkt ans Ufer des Heiligen Sees gebaute Marmorpalais zu erkennen, rechts darunter die Pyramide des Eiskellers, in dem Lebensmittel auch im Sommer kühl gehalten werden konnten.

Nach Entwürfen Karl von Gontards entstand zur gleichen Zeit wie der Neue Garten das Marmorpalais, ein von einem Belvedere gekröntes zweigeschossiges Gebäude auf quadratischem Grundriss, das Friedrich Wilhelm II. als Sommersitz diente. Die beiden Seitenflügel des Architekten Michael Philipp Boumann kamen erst einige Jahre später hinzu und wurden um 1845 ausgebaut.

Nur wenige Kilometer vom Stadtzentrum Potsdams entfernt, bildet der Park Sanssouci eine Kunstlandschaft von einzigartigem ästhetischem Rang, in der sich Pracht mit Eleganz und Luxus mit Leichtigkeit verbinden. An diesem Gesamtkunstwerk, das 1745 unter Friedrich II. mit dem Bau des Schlosses Sanssouci begonnen wurde und u. a. mehrere große und kleine Schlösser, Villen, eine Orangerie, einen Tempel, ein chinesisches Teehaus, Fontänen, Parkanlagen, Ziergärten und eine Weinbergterrasse umfasst, waren viele der bedeutendsten Baumeister und Gartenarchitekten Preußens beteiligt, darunter Georg Wenzeslaus von Knobelsdorff, Carl von Gontard, Karl Friedrich Schinkel, Ludwig Persius, Peter Joseph Lenné und Friedrich August Stüler. 1990 wurde die Parkanlage Sanssouci in die Welterbeliste der UNESCO aufgenommen.

Die westlich vom Schloss Sanssouci gelegene Orangerie ist ein prominentes Zeugnis der von ihrem Auftraggeber, dem »romantischen« König Friedrich Wilhelm IV. gepflegten Italienbegeisterung. Gleich mehrere Renaissancevillen dienten als Vorbilder für diesen imposanten, über 300 Meter langen Bau mit den markanten Eckpavillons, darunter die Villa d'Este in Tivoli (für die dreistufige Terrassenanlage) und die Villa Medici in Rom (für die beiden Türme im Mittelbau). Die Pläne für die Orangerie stammen von Ludwig Persius, der Bau selbst erfolgte von 1851 bis 1857 unter der Leitung der Architekten Friedrich August Stüler und Ludwig Ferdinand Hesse.

Vom Ziergarten im Parterre, dessen Mittelpunkt die Große Fontäne bildet, führen 132 Stufen über sechs Weinbergterrassen zum Schloss Sanssouci hinauf. Die Sommerresidenz Friedrichs II. wurde nach dessen Skizzen von Georg Wenzeslaus von Knobelsdorff, der für Friedrich schon Schloss Rheinsberg umgebaut hatte, in den Jahren 1745 bis 1747 errichtet. Das ein-

geschossige, heiter und grazil wirkende Schloss mit dem Kuppelsaal in der Mitte und den halbkreisförmig angelegten Säulenkolonnaden an der Nordseite ist ein glanzvoller Höhepunkt des preußischen Rokoko. Am rechten Bildrand ist die 1755 bis 1763 östlich vom Schloss angelegte Bildergalerie zu erkennen, die die königliche Gemäldesammlung aufnahm.

Literatur

Berlin und Brandenburg. Hg. von Gerd Heinrich. Handbuch der historischen Stätten Deutschlands, Zehnter Band, Stuttgart 1985 (2. Auflage)

Deutsche Kunstdenkmäler. Ein Bildhandbuch. Hg. von Reinhardt Hootz. Mark Brandenburg und Berlin. Ausgewählt und erläutert von Joachim Fait, Darmstadt 1983

Theodor Fontane: Der Stechlin, München 1967

Theodor Fontane: Wanderungen durch die Mark Brandenburg in acht Bänden. Hg. von Gotthard Erler und Rudolf Mingau, Berlin 1997

Heinrich von Kleist: Sämtliche Werke und Briefe. Zwei Bände, Hg. von Helmut Sembdner, München 1977

Friedrich Nicolai: Beschreibung der königlichen Residenzstädte Berlin und Potsdam. Drei Bände, Berlin 1786 (3. Auflage)

Preußische Stile. Ein Staat als Kunststück. Hg. von Patrick Bahners und Gerd Roellecke, Stuttgart 2001

Claus-Dieter Steyer: Märkische Stadtspaziergänge, Berlin 2006

Michael Winteroll: Geschichte Preußens in Ausflügen. Historische Entdeckungstouren, Berlin 2012 (3. Auflage)

Fotograf und Autor

Dirk Laubner, geboren 1961 in Bonn, hat sich auf die Luftbildfotografie spezialisiert. Seine Bilder, die in vielen Ausstellungen und Medien im In- und Ausland gezeigt werden, entstehen aus dem Flugzeug und Hubschrauber heraus. Als Fotojournalist hält er regelmäßig die markanten Veränderungen in Städten und Regionen fest und lässt so Ideen und Visionen aus der Vogelperspektive einfach und verständlich erscheinen.

Sein Portfolio enthält Aufnahmen von Natur- und Stadtlandschaften, von historischen Monumenten sowie Dokumentationen von Wohnsiedlungen und Baugeschehen, die er für Stadtplaner und Landesentwickler erstellt. In verschiedenen Buch- und Zeitschriftenverlagen veröffentlichte er zahlreiche Bildbände mit Luftaufnahmen. In den Himmel Brandenburgs stieg er für den be.bra verlag mit Pilot Reinhard Wartig, dem er an dieser Stelle seinen ganz besonderen Dank aussprechen möchte.

Diethelm Kaiser, 1957 im Rheinland geboren, lebt seit 2000 in Berlin. Er war zunächst Wissenschaftlicher Mitarbeiter an den Universitäten Bonn und Hagen, danach Cheflektor und Programmleiter eines traditionsreichen Berliner Verlags, außerdem Lehrbeauftragter an der Universität Potsdam. Als Autor und Herausgeber hat er diverse Bücher publiziert, unter anderem über den Maler Paul Gauguin, über Kochkunst im Adlon und über die Berliner Künstlergruppe der »Schule der neuen Prächtigkeit«.

Kiesgrube in der Lausitz